NOUVELLE

METHODE

DE LECTURE

EN DOUZE TABLEAUX,

A L'USAGE DES FRÈRES DE St-LAURENT-SUR-SÈVRE.

VANNES.

N. DE LAMARZELLE, IMPRIM.-LIBR.,

Des Frères de l'Instruction chrétienne, des Filles de la
Sagesse, et des Sœurs de l'Instruction chrétienne.

—

1844.

1845

NOUVELLE

MÉTHODE

DE LECTURE.

———

EXPLICATION.

Prononcez les consonnes : *be, pe, de, te, re, fe,* etc...

Excepté *g* qui se prononce comme la dernière syllabe de lan*gue* : [1]*c*, [2]*k*, [3]*q* comme la dernière syllabe de pi*que*.

REMARQUE. Le [3]*q* est toujours suivi de *u* et devrait se représenter *qu*, que l'on prononcerait *que*.

b. p. f. m. v. labiales, c'est-à-dire

qu'elles se prononcent à l'aide des lèvres. — *d, t. l. n. r.* linguales, c'est-à-
dire qu'elles se prononcent à l'aide de la
langue. — ¹*c.* ²*k.* ³*y. g.* gutturales, c'est-
à-dire qu'elles se prononcent du gosier.
— *j. s. z. ch. x.* sifflantes, c'est-à-dire
qu'en les prononçant elles produisent un
espèce de sifflement.

D'après cela, je suppose que l'enfant
qui commence à former des sons sur le
premier tableau, trouve *b..a, d..i,
g..o, s..u.* je lui dis : 1° Placez vos lèvres pour prononcer *b*, et poussez votre
respiration sur *a*, vous aurez *ba.*
2° Placez votre langne pour prononcer
d, et laissez-la tomber sur *i*, vous aurez
di. 3° Soyez prêt à prononcer *g*, et
poussez sur *o*, vous aurez *go.* 4° Soyez
prêt à prononcer *s*, et poussez votre
respiration sur *u*, vous aurez *su*, etc.

Ne faites pas épeler les sons et articulations *ch. ph. gn. ill. ll. an, am, en,*

em. on, om, in, aim, ain, ein, im. un, um. oin. au. ou. oi. ai, ei, œu. Il faut que l'élève les apprennent comme il a appris les lettres simples *b. p. d. a. o.* etc.

A quoi bon faire épeler des sons et des articulations, quand, par cette épellation, on n'arrive à aucun bon résultat.

Si le maître veut que ses élèves fassent des progrès, il faut qu'il s'applique lui-même à bien comprendre cette Méthode avant que de l'enseigner, et qu'il ne néglige pas de faire les questions qui se trouvent au bas de chaque tableau.

1ᵉʳ TABLEAU.

a, o, u, e, i, y.

â, ô, û, ê, î.

a, o, u, e, i, y.

A, O, U, E, I, Y.

b. p. d. t. v. f. g.

¹c. ²k. ³q. x. z. s. l.

j. m. n. r... h... d.

b. q. p. j. f. u. n.
p. b. d.

A. B. C. D. E. F.
G. H. I. J. K. L.
M. N. O. P. Q. R.
S. T. U. V. X. Y. Z.

a. b. c. d. e. f. g.
h. i. j. k. l. m. n.
o. p. q. r. s. t. u.
v. x. y. z.. n. u.
p. q.

1°   a   e   é   è

b. Ba be bé bè

     ê   i   o   u

    bê bi bo bu

     y   â   ô

    by bâ bô

c. Ca co cu câ cô

d. Da dé dê de

    dè do di dy

    du dô dâ

f. Fo fa fê fi

    fe fé fu fy

    fô fè fâ

g. Ga go gu gô
gâ

j. Je ji jê ja
jé jo jè jô
ju jâ

k. Ka ké kê ke
kè ko ku ky
ki kâ kô

l. Lo le la lè
li lé lu lê
ly lô lâ

m. Me mi mè ma

mé mo mê mu my mâ mô

2º Abe , a ga , a mi , ba le , bé gu , bi le , ca fé , co be, co de, cu be, dé jà, de mi, é cu , fa de , fi le , fu mée, ga de, ga le, ha le, ja co, ja le , ju bé , ka li , ki lo , la me , li me, lo be, ma ja , ma ki , mâ le , mê lée, mi di, mo de, mu le, â me, bâ le, bu be, co-

ma , dé fi , dô me , é lu ,
fi le , ju le , a béc, ba li ,
bé ni , bi be , bo me , ca di ,
ca le, da me, de là , dî me,
è be , fâ me , fê le , ga la,
ga lé , ha be , hi le , i de ,
i le, ja de, Li ma, mè de,
mi ca.

———

3°   a   c   é   e

n. Na ne né nè

     ê   i   o   u

nê ni no nu

     y   â   ô

ny nâ nô

p. Pa pe pé pè
pê pi po pu
py pâ pô

q. Qua que qué
què quê qui
quo quu quâ quô

r. Ro rè ra re
ri ré rê ru
ry rô râ

s. Sy se sa sê
si so sè su
sé sâ sô

t. Ta tê tè to
te ti té tâ
tu tô ty

v. Ve vé vê vè
va vi vô vo
vu vâ

x. Xy xa xê xe
xo xè xi xé
xâ xu xô

z. Za ze zé zè
zê zi zo zu
zy zâ zô

4° A ne, a ra, a xe, ba ve, bê te, bi zé, bo ni, bo rée, bu re, bu tée, ca ne, ca que, co ne, co rée, cô té, cu ré, cu vée, da te, di né, du ne, du re, é pi, é té, fa ne, fè te, fê ve, ga re, go ne, hè re, hô te, hu re, i re, ju pe, ju ri, la que, la ve, lè ve, li xe, lo to, lu ne, ly re, ma rée, ma ri, me née, mè re, mi ne, mi re, mi te, mu re, no te, nu que, fé tu, hu ne, i no, o de, o ve, pa le, pâ le, Pâ que.

D. Combien y a-t-il de voyelles? R. 6 : *a*, *o*, *u*, *e*, *i*, *y*.

Montrez *p*, *q*, *j*, *f*, *n*, *d*, *u*, *l*, *b*, etc.....

Dès que les enfants sauront épeler la première leçon, faites-la-leur lire, et faites de même pour toutes les leçons, et ne changez de leçon que quand ils la possèdent.

2ᵉ TABLEAU.

---

ch, ph. gn. ll. ill. (Ne faites pas épeler ces consonnes.)

Faites prononcer *ch*, comme la dernière syllabe de bu*che*, *ph*, comme dans apostro*phe*, *gn*,... di*gne*, *ll*, *ill*,... fi*lle*, ca*ille*.

1° Che mi née, pha lè-ne, li gne, fi lle, ca ille, ca che, chu te, du ché, gâ che, ga gné, ha che,

ja illi , pho que, A dè le, u ne ba bi ne , u ne ca do- le, da ti ve , l'é pi ne, hu mi de , u ne li mi te , la qua li té , u ne ra pi ne , sé vè re , la tu li pe , ty- pi que , u ti le , va li de, u ne vé ri ne , le vi da me, u ne vi ro le , vo ca le , la bi che , u ne bu che , le co che , u ne ba ille , fâ- ché , fa illi , fi che.

———

2° Le fi chu , la cha- ri té , u ne ho che , la hu- che , ju ché , lâ che , u ne

lè che, une lo che, le chê ne, le pha re, le pho que, une co gnée, la ka gne, a po de, une a lê ne, l'a pa le, a ri de, l'a tè le, l'a to me, l'a zo te, une ba vu re, une bé na te, le bi no me, une bo na ne, la ca ma ra, du ca na ri, ca ni ne, le ca ra bé, du ca ru de, la co lè re, le co ni de, le co ro né, une cu ni le, une dé ca de, le dé mê lé, u ne do di ne, l'é bè ne, l'é lè ve.

3° Une fa mi lle, la fa mi ne, u ne chi mè re, la cho pi ne, u ne bé quille, u ne ga dè le, li no te, le ma la de, la nu di té, l'o pé ra, i nu le, le ju bi lé, u ne ké ro ne, le ki na te, ki ni que, la bi le, u ne la cu ne, u ne la pi ne, A ra be, u ne a rê te, l'a to le, a vi de, a zu ré, u ne ba di ne, la ba na ne, ba ta ve, u ne bé cu ne, la bé go ne, le bé lu ca, u ne bi co que, bi lo bé, le bi tu me, une

bo bi ne , le bu ba le , le
bu li me , u ne ca ba le ,
la ca ba ne , le ca la ba ,
u ne ca la de , le ca na de,
le ca na pé.

4° Le ca ni de, u ne ca-
pa de , u ne ca po te , u ne
ca ra fe , le ca rê me , u ne
ca va le , la ca vi té , le co-
lu re , u ne co mè te , le
co mi té , co ni que , le co-
no be , u ne co ri ne , la
co tu le , u ne cu bè be ,
cu pi de , cu ru le , dé bi le,

dé chi ré , le dé fi lé, le dé-
pu té, dé ra té, le dé ri vé,
dé ro bé , u ne di gni té ,
le do mi no , la do ru re ,
la du re té , le dy ti que ,
l'é co le , l'é cu me , l'é li te,
l'é mu le, l'é phè be , l'é-
pu re, l'é ta pe , l'é to le,
l'é vê que , u ne fa cu le ,
la fa ri ne , le fé dé ré , le
fi dè le , u ne fi xi té , u ne
ga ba re , u ne ga lè re , ha-
bi le, u ne hé mi ne.

———

5° I gno ré , l'é mu le ,

u ne ja chè re, le lé vi te,
le li gni te, le li bé ra, le
li pa re, la lu xu re, u ne
ly co pe, u ne ma do ne,
la ma xi me, le mé lè ze,
le mé ri te, u ne mi nu te,
la mo lè ne, u ne mu rè-
ne, u ne my ga le, la na-
tu re, l'o li ve, o pa que,
la ba na ne, u ne bo di-
ne, le ca na de, le ca ni ca,
le ca ra be, le co bi te, le
ca na ri, le cu cu je, u ne
cu pu le, le cu ra re, le
Da nu be, le dé ca di, u ne
do ra de, l'é di le, l'é po-

de, l'é ti re, l'é tu de, la
fa go ne, le fa vo ri, la ga-
lène, une gu mè ne, hé-
bê té, la ké ro ne, la bi le,
mi ni me.

3ᵉ TABLEAU.

1° *bl. cl. chl. fl. phl. gl.
pl. br. cr. chr. fr. phr. gr.
pr. dr. tr. vr.*

**Bla ble bli blo blu blé
blè blâ blê bly blo.**

Clé cla cle cli clè clu clê clo clô cly clâ.

Chla chle chlâ chlo chlu chly chlé chlê.

Fla flê fli fle flè flo flé flu flâ fly flô.

Phlè phlê phlo phli phlu phra phre phré phry.

Gla gle gli glé glê glè glo gly glu glô lâ.

Ple plè pla plé plê plo pli ply plu plâ plô.

Bra bre bré brè brê bri bro bru brâ bry.

2° Bla ma ble , clari ne , chla my de , flora le , phlé bo to me , gla ne , pla ti ne , brava de , phry ga ne , le pi ra be , u ne pi lu le , le pi ra te , u ne pi ro le , u ne po du re , u ne po pi ne , la pu re té , u ne py ra le , la py ri te , le qui no la , u ne quo ti té , la ra fa le , u ne ra mu re, la ra ni me, u ne ra nu le , ra pi de , la râ pu re , u ne ra re té , la ra ti ne , u ne ra tu re , u ne ra vi ne , u ne re-

di te. la re du ve, le ré fé-
ré, le ré gu le, le re le vé,
le re mè de, le re mé ré,
u ne re mo le, u ne re-
quê te, u ne re te nue, la
ré ti ne, le re ve nu, ré-
vo lu, le ri po pé, la ri-
vu re.

3º Cre crè cra cré cri
crê crô cry crâ cru cro
   Chra chré chre chri
chrè chro chrê chrâ chry
chru.

Fro frê fra fre fri fré fru frè frô fry frâ.

Gra grè gre gri grê gro gré grâ gru gry grô.

Pra pré pre pri prè prê pro prâ pru prô pry.

Dra drè dri drê dré dro drô dru dry drâ.

Tro tre trê tra tré tri trè trô try trâ tru.

Vra vre vré vrè vrê vri vro vru vry vrâ vrô.

———

4° Cra va te, fré ga te, pra li ne, dra go ne, tra-

chi ne , che vro né , gre-
na de , gry phi te , phré-
ni que , u ne ro tu le , la
ro tu re , le ry thi ne , la
sa bi ne , la sa le té , u ne
sa li ne , la sa li ve , la sa-
lu re , le sa ma re , i nha-
bi té , le sa me di , u ne
sa pi ne , u ne clo che , la
sa ti re , u ne sa va ne ,
chlo ra te , le sé ba te , u ne
sé bi le , la sé mi te , le sé-
ne vé , fla mi ne , le Si lè-
ne , phlé by te , la si ni-
que , le si na pi , glè be ,
le so li de , u ne plé tho re ,

u ne so li ve , u ne so-
na te , u ne brè che , su-
bi te , u ne sa tu re , u ne
cré a tu re , ta bi te , le ta-
pi ti , frê le , le ta ra re.

———

5° **Timide** , une tipu-
le , la tomate , le topi-
que , tubulé , l'unité ,
l'urane , utile , valide ,
la vénule , une vérine ,
une vêture , le vida -
me , le vidamé , une
vigote , la vileté , une
vinule , une virole , vi-

rolé, vitale, vocale, une volute, le zygoma, u-nique, une thomine, une baladine, une gravure, l'aridité, une balanite, prédicable, bénévole, une bodinure, dramatique, le grade, botanique, une calamité, une tribune, le cali cule caliculé, trébuché, le calorique, la vrille, le camarade, la camarine, la tribale, la caméline, la cani-, cule, canonique.

D. Quand deux voyelles ne sont séparées que par une consonne, à laquelle appartient cette consonne?

R. *A la voyelle suivante...* Ex.... *A-ma-bi-li-té.*

D. Quelles sont les consonnes qui se prononcent à la fin des mots?

R. *c. f. l. m. n. r.*

4e TABLEAU.

ab. ob. ub. ac. oc. uc. ec. ic.
ad. ud. uf. ef. if. eg. ig. al.
ol. ul. el. il. ap. op. ip. ar. or.
ur. er. ir. as. os. us. es. is. at.
ex. ix.

er, *as*, *os*, *us*, *es*, *is*, *at*, etc.
se prononcent *ère*, *asse*, *osse*,
usse, *esse*, *isse*, *ate*, etc.

Faites épeler par syllabe :
p.a-pa-r..a-ra-d..o-do-x..e-xe,
et non pas p..a-pa r..a-ra-para-
d..o-do-parado-x..e-xe para-
doxe, d..is dis-c..or-cor-d..e-de,

et non pas d..i..s-dis-c..o..r-
cor-discor-d..e-de-discorde.

1º Bac , buc, bec , bud ,
bal, bol,, bul , bel , bil ,
bar , bor , bur , ber , bir,
bas , bos bus, bes , bis ,
pac , pec , pic , pal , pol,
pul , pel, par , pur , per,
pir , pas , pos , pus , pes,
pis , dub , dac , doc , duc,
dic , dif , dal , dol , dul ,
del , dip , dar , dor , dur,
der, dir , des , dis , dex ,
tac , toc , tec , tic , tuf,
tal· tel , til , tar , tor, tur,
ter, tis, tes , tex, vac, vic,

vec, vif, val, vol, vul, vel,
vil, var, vor, ver, vir,
vas, ves, vis, fac, fec, fic,
fal, fol, fil, far, for, fur,
fer, fir, fas, fus, fes.

———

2° Ab jec te, ob te nir,
ac tif, é toc, ca duc, ar-
gu le, ad jec tif, bref,
fleg me, al ca li, mol,
ul mi ne, bel, sub til,
ap ti tu de, op ti mé, des-
crip tif, or dre, ur ne,
er go té, as pic, hos pi-
ta li té, pus tu le, es cla-
ve, mix te, dis cor de, at-

mos phè re, ex pul sif,
ex ter ne, tel, ma lé fi-
que, ma lé vo le, le ma-
ni pule, ab ju ré, u ne
ma ri na de, u ne ma te-
lo te, ob jec tif, ma ti nal,
la ma tu ri té, ob sé dé,
u ne mé ca ni que, u ne
mé li po ne, l'ac te, u ne
mé ta bo le, mé tho di-
que, l'ac ti vi té, le mi-
né ral, la mi no ri té, u ne
pa ra bo le, la dis pu te,
le dis que, le pa ra do xe,
le pa thé ti que, ex pli ca-
ca ble, le pé di cu le, le

pé di cu re, mix te, le ba-
ro mè tre.

3° Gal, gar, gas, gor,
gus, cal, cap, car, cas,
coc, col, cor, cos, cul,
cur, cus, ker, quar, quel,
ques, zes, zig, zir, zur,
sac, sal, sar, sec, sel, sep,
sex, ser, sor, sol, sub,
suc, sud, sug, sul, sur, jac,
jar, jas, jec, jus, lac, lar,
las, lec, les, lic, lis, lor,
lus, mac, mal, mar, mas,
mer, mic, mel, mir, mix,

mor, mos, mul, mur,
nal, nar, nec, nef, nel,
ner, nes, noc, nor, nul,
rab, rap, rec, rel, res,
ric, ris, roc, ros, rup,
rus, char, chas, choc,
phar, phos, gnac, gnar,
gnol.

———

4° Oc ta ne, mi ra-
cu lé, la mo bi li té, u ne
mo da li té, l'oc ta ve, u-
ne mo lé cu le, le mo no-
po le, le tric-trac, le mo-
no ri me, la mo ra li té,

mo no to ne, l'ar me, l'ar-
tè re, mys ti que, la na-
ti vi té, né ga ti ve, l'ar-
ti cle, u ne ni ti du le, no-
mi na le, ad mi ra tif, la
nu bé cu le, la nu bi li té,
le chef, le tuf, nu mé ra-
le, o bo va le, al pha bé-
ti que, l'o li vè te, l'o vi-
cu le, le sol, o vi pa re,
l'o xa la te, l'ul ve, l'o xa-
li de, o xy du lé, hos ti le,
pa la ta le, u ne pa la ti ne,
le pa li nu re, l'es pla na-
de, bis cor nu, le pa ni-
cu le, le pa no ra ma, u-

ne dis pa ra de , la pa pe-
li ne , u ne pé di lu ve ,
bul bi for me , u ne pé la-
mi de , u ne pé le ri ne ,
le pé ra mè le , le pé ro-
xi de , cal cu la ble , le pi-
mé lo de , l'ar bre.

————

5e TABLEAU.

---

an. am. en. em. ⌞ *in. ain. ein.*
im. aim. ⌞ *un. um.*] *oin.* [*on.*
om.]. *am. ein. un. em. ain. an.*
in. on. im. om. um.

J'ai rapproché autant que
possible les sons et articulations
qui ont les mêmes consonnan-
ces, quoique représentés de
différentes manières.

cl. et *chl... fr.* et *phr... an.* et
am en em... etc...

1° An co né, an dan te

am ble , am phi bo le ,
en can , en cre , em blè-
me , em pi re , in cul te ,
in di gne , im por tant , im-
bi bé , pain , main , plein ,
sein , daim , faim , im por-
tun , tri bun , hum ble ,
par fum , loin tain , poin te ,
oc tan te , oc ta von , ad-
joint , fleg mon , al man-
di ne , er min , fir man ,
mir mi don , as pi rant ,
os ten si ble , os tre lin ,
us ten si le , es ca dron ,
es car pin , ex pen sif , a-
ban don , mar mi ton ,

blon din , a ven tu re , a-
mi don, ca pu chon , ca-
ram bo le , cha cun, cham-
bran le, chan frein , cha-
pe lain , che vro tain, con-
so le.

2° In si gne , on de, vi-
ri li té, bain , vi vi fi que,
soin , jeun , gain , vo la-
ti le, join tu re, nain ,
main te nant, zé no ni-
que, goin fre, sain foin,
zi be li ne , im pu ni té,
vain cre , zo pi lo te, im-

pri mé, tain, é tein dre,
fein te, im pos te, dé-
dain, pein dre, im bu,
pein tre, im ber be, tein-
te, en ta illu re, li bé ra-
li té, en ten dre, vo lu-
bi li té, en ti mè me, a-
ma bi li té, en tre pren-
dre, ca na co po le, en-
vi ron, ca na li cu lé, é-
par gne, ca ra bi na de,
é per lan, ca té go ri que,
é phè dre, ca tu lo ti que,
é phé mè re, co pu la ti-
ve, é pi cu ris me, co ro-
li ti que, é pi gas tre, cu-

mu la ti ve , é pi gra phe ,
cu ra bi li té , é pi lep ti-
que , dé fi ni ti ve , fein te,
fer me té , i té ra ti ve ,
fes ton , i nha bi li té , fir-
man , ja ni pa ba , fla con,
ju di ca tu re , fla grant ,
la pi di fi que.

3° On cle , on ze , om-
bi lic , om pha lo de , on-
din , in com pa ti ble ,
cham bre lan , an gle , am-
bu lant , cham pê tre , an-

gli can , am ple , cham-
pi gnon , an ti que , on-
du lé, on gle , con fé dé ré,
an ti po de , am ple ment,
en gre lu re , con ju gal,
en jam bée, em bru mé ,
con tem pla tif, om bre,
in com bus ti ble , con-
trac tu re , in com pa ti-
ble, in con si dé ré, con-
trô le, in dé cli na ble , en-
chan té, en clu me , con-
tro ver se , em plâ tre ,
cor ni chon , em plè te ,
cram pon , em por té, in-
cré du le , em prun té , in-

di gni té , é taim , coîn ,
in fâ me , im pu re , in-
fir mi té.

———

4° E pin gle , dé li bé-
ra tive , é pi pho nè me ,
dé no mi na ti ve , é pis-
co pal , dé pu ta ti ve , é-
pis to gra phe , dé vo lu-
ti ve , é pi ta phe , dicoty-
lédoné , épitalame , dila-
tabilité , épithène , dimi-
nutive , épithète , dodé-
cagone , épointé , dodéca-
pétalé , équinoxe , domi-

nicale, éraflure, dubita-
tive, escadron, économi-
que, escarpin, épidémi-
que, esclandre, énumé-
rative, esclave, éradica-
tive, espadon, érémiti-
que, espingole, fédéra-
tive, estampe, hétéro-
doxe, étampé, hétéro-
tome, étreindre, icono-
maque, exclamatif, imi-
tative, expectatif, inamo-
vibilité, extractive, iné-
galité, fanfaron, inéqui-
latère, fantasque, inha-
bilité, faquin, inhuma-

nité, fécondité, inutilité, festin.

D. Quelles sont les voyelles dures? **R**. *a. o. u.*

D. Quelles sont les voyelles douces? **R**. *e. é. è. ê. i. y.*

6ᵉ TABLEAU.

au. ou. oi. [*ai.* * *ei.* ¶ *eu. œu.*]
ua. uo. io. ia. ie. ue..... *aï. oü. oï.*
aï. éi. éu.

**1° Scan da le, sco lai-
re, scru tin, spa di lle,
spec tre, splen di de,
sphè re, stat mei stre,**

* *ai, ei,* se prononcent *è*, excepté
quand *ai* finit un mot, alors il se prononce *é*, j'aimai, je chanterai, prononcez *j'èmé, je chanteré.*

mné mo ni que , bau me,
pou pon , poi gnard, lai-
ne, pei gne , peu ple , œuvre, Saul , Saül , hé ro ï-
que , o bé ir , ré u nir,
ha ïr , em bou chu re,
em py reu me , en cau-
me , sa po ri fi que , en-
che vau chu re , en chaî-
nant , sé cu la ri té , en-
gloutir , en sei gne , en-
si for me , si mi li tu de,
en traî nant, é pis to lai re
é pou van te, so li da ri té,
es car mou che , é tou-
pin , eu phor be , é ven-

taire , so po ri fè re , fai-
tu re , far lou ze , fau con ,
in du bi ta ble , mé tho de,
in fa man te , meu ble ,
in fer nal.

2° Mi li tant , i nhu-
main , mi nis tè re , in-
scru ta ble , mi nus cu le,
in si gne , mir mi don ,
in so lu ble. mi ro ton ,
in spi ré , Mi thri da te,
in stan ta né , mi tra ille,
in struc tif , mo des te ,
in stru men ta le, mo di-

llon , in sul te , moin dre,
in té gran te , mal da vi-
que , in tem pé rant , ma-
mon, in ten dant , mo-
nar chi que , in ter cos-
tal, mo nas tè re , in ter-
li gne , mon dain , in ter-
pré ta tif , mon stre , in-
tes tin , mo ra illon , in to-
lé rant , mor dant , in tré-
pi de , mo ri bon , in tri-
gant , mor fon dre , in tro-
duc tif , mou che ron , in-
vec ti ve , mou illé , in ven-
tai re , mou lin , in vi ta-
toi re , mou rant , in vo-

lon tai re, mou tar de,
ja bloi re.

3° Fleu ron, for mu-
lai re, fou gon, su-rhu-
mé ra le, fou lon, frau de,
gau fre, glau co me, gloire, glou me, sy no ny mi-
que, glou ton, gor fou,
gou dron, gou jon, u na-
ni mité, gou ver ne ment,
gri bou ri, grou pe, hau-
ban, vo la ti li té, hau-
tain, hi bou, hou blon,
hy drau li que, man gou-

ste , ma nœu vre , ma-
rou fle, hy lo to me, mem-
bre, hy per bo le , men tal,
hy po cri te, men ton , hy-
po thè que , mer cre di ,
i co no clàs te , mer lan ,
im par fait, mer lin, im-
por tant, mer lon , im pos-
tu re , mer vei lle , in cul-
te , mé ta car pe , in di-
gni té , mé ta pho re , au-
ne, in flic tif, mi cro mè-
tre , i nha bi ta ble , mi-
cros co pe , in sec te.

———

4° Ja que mart, multi ple, ja co bin. mus cadin, jam bon. my ro bolan, jas min. mys tè re, jau nà tre. Nar val, jointu re, na vrant, né cropho re, jou bar be, nectar, ju di ca tu re, nervin, ju ran de, ne veu, ju ris con sul te, né vroptè re, ki lo li tre, nim be, ki lo mè tre, ni tre, labou ra ble, noc tur ne, la by rin the, nom bre, lai te ron, nor mal, laman tin, nos toc, lam bin,

no tai re, lam pe ron, no-
top tè re, lan ter ne, no-
vem bre, lar don, nyc-
tè re, lè che fri te, ob-
cla vé, lec tu re, leu co-
phre, ob jec tif, le vron,
ob scur, lé zard, ob ser-
van tin, li ber tin, oc-
tan te, li brai re, oc ta-
von, li cor ne, o li ban,
li cou.

D. Quelles sont les voyelles
composées?

R. *au, ou, oi, ai, ei, eu, œu.*

D. *ua, uo, io, ia, ie, ue,* font-
ils des voyelles doubles?

R. Non. Il faut que *u* et *i* soient au second rang.

D. Quand deux voyelles ne font pas voyelle double, comment les prononce-t-on?

R. *L'une après l'autre.*

D. Quand est-ce que les voyelles doubles se divisent?

R. Quand *é* a l'accent et que *ï* et *ü* ont le tréma.

D. Comment prononce-t-on alors les voyelles doubles?

R. *L'une après l'autre.*

7ᵉ TABLEAU.

gu se prononce *gue* quand il est suivi d'une voyelle avec laquelle il ne forme qu'une syllabe.

gué, guenille, guèpe, guerlin, gueule, gui, guidon, guimbarde.

guad . et *quad* se prononcent *gouad.. kouad* :

Guadeloupe, quadra- génaire, quadrature, qua- drupède ,...   aquador
et tous les mots qui commen- cent par *aqua*.

---

s $\begin{cases} \textit{ça , ço , çu , ce , cé , cè,} \\ \textit{cê, ci, cy.} \end{cases}$

j *ge , gea , geo , gi , gy :*

Façade , leçon , reçu , céleste , ciboule , cyclope, geai , geole , gélatine , gi- berne, gyrin.

œ suivi d'une consonne se prononce ordinairement *é* et *è* quand la syllabe suivante est muette :

OEdipe, Cœcile fœne..

___

e nul devant *a*, *o* :

eau, couteau, marteau. Jean, mangea, bourgeois bourgeon, surseoir, nouveau...

___

ail, ouil, eil, (euil, œil), air, our, oir, eur, aul, oul, oil, eul, auf, oif, euf, aug.

Bail, fenouil, conseil,

cerfeuil, pair, pour, noir,
poil, tuteur, **Paul**, soul-
gan, tilleul, soif, neuf,
bœuf, sauf, augmenta...

———

y entre deux voyelles=*ii* ainsi
que dans pays...

*ayai, ayo, oyé, oyau,
oya, oyeu, eya.*

payais, royal, rayon,
envoyé, royaume, joyeu,
plancheya

———

e nul à la fin des mots :
vie, voie, roue, momie.

2*

voirie, joie, raie, haie, tortue , pie...

———

e se prononce *è* dans

Tu es, il est , mes , tes, ses, les , des , ces.

———

Consonnes nulles à la fin des mots :

Plomb , dard , doigts, ames, bourg, vous, drap, camp, blonds , front, dames , vingt , aspects , côtes.

———

gn au commencement des mots se prononce *gue-n* :

gnathite, gnémon, gnidion, gnomique, gnomon, gnomide..

———

m. n. nuls dans

bo nne, ho nneur, somme, po mme, homme, connu a nneau, ca nne, année, manne, ga mme, consta mment, fla mme, pesamment, da mné, conda mné, condamnable, automne.

ill au commencement des mots n'a pas le son mouillé:

illatif, **illégale**, **illicite**, **illogique**, **illustre.**

---

e devant une consonne répétée se prononce *è* ainsi que devant *x* :

eccopée, effacé, belle, ennemi, étrenne, mienne, essette, messe, flexibilité, sexe, sexuel, assiette, allumette,... succès, suggéré.

Consonne répétée : la 1re est ordinairement nulle, à moins que l'autre ne change de valeur.

———

s entre deux voyelles se prononce *z* :

Aisé, base, case, désir, dose, lèse, èsule, fusain, fusée, hysope, hasard, isagone, jésuite, misère.

———

ex au commencement des mots se prononce *ègz* :

exagone, exaucé, exercice, exigé, exomide,

exulté, exhalé, exhibé, exhorté, exhumé.

———

imm au commencement des mots se prononce *im_em*...

immanquable, immé-moriale, immense, im-modeste, immuable, hymne, lymnée, gym-nase.

———

inn... in_en...

innascibilité, inné, innumérable, innomé.

———

RÉCAPITULATION.

Guimpe, Guadalquivir, quadragésime , garçon , lança , perçu , mangea , changeons, genou , givre , ginécée , cime , cycle, guenon, nœud, œdème, œillet, travail, pareil, fauteuil, piano , piaulard , violon , diurne , pitié , onzième , nuit , impair, four , pouvoir , tuteur , coulpe, linceul, paysan, balayais, tutoyé, boyau, moyeu, noyale, grasseya , ayons , boulangea, pigeon, ciseau , tu es méchant, il est bon, mes livres, tes plumes, les soies, ses mains, des tables, ces bois, les jolies statues, nous, puits, plaie, bord, mandat, joncs, dommage, donné, gramme, instamment, gnomique, magnanime, gnostique, illégitime, illibéral, illuminateur, effroi, ellipse, garenne, qu'il vienne, qu'elle tienne, essieu, essor, cette lunette, flexion, sexangle, rose, lisible, mosaïque, prise, thèse, toison, poisson, poison, exacteur, exhaussé, exemple, exil, exotique, exulcéré, immaculé, immense, immersion, immonde, immoral, immiscible, immunité, innavigable, innovateur.

gu quand il est suivi d'une voyelle avec laquelle il ne forme qu'une syllabe?—**R**.*gue, langue.*

Et dans le sens contraire?— **R.** *gu*, *exigu*, *ciguë.*

guad.... quad.... aquad ? — **R.** *gouad , kouad.....*

—*œ* suivi d'une consonne ?— **R.** *é...è* si la syllabe suivante est muette.

—*e* muet devant *a , o* ?—**R.** on ne le prononce pas.

—*s* entre deux voyelles?—**R.***z.*

— *y* entre deux voyelles ? — **R.** *ii.*

—*c* devant les voyelles douces? — **R.** *s.*

COMMENT PRONONCE-T-ON

g devant les voyelles douces ?
— R. *j*.

— *ç* cédille ? — R. *s*.

— *gn* au commencement des mots ? — R. *guen*.

— *ill* au commencement des mots ? — R. *il-l*.

— *e* devant *x* ou devant une consonne répétée ? — R. *è*.

— *ex*, suivi d'une voyelle, au commencement des mots ? — R. *ègz*.

— *imm, inn* au commencement des mots ? — R. *imem, inen*.

D. Dans quels mots *e* se prononce *è* ? R. *il est, tu es, mes, tes, ses, les, des, ces*.

L'étude est utile à la jeunesse. L'amour des plaisirs perd un grand nombre de personnes... L'élève sera puni pour avoir négligé son devoir... Ce petit garçon a une figure si ridicule qu'il déplaît à tout le monde... Mon petit ami, adore le Dieu créateur du ciel et de la terre et maître absolu de toutes choses... Ma mère a été malade dernièrement, mais elle est guérie... Le petit Jules ira à l'école communale dans quinze jours, et il y restera jusqu'au moment où il ira au collége... Demain jeudi nous irons à la promenade immédiatement après le déjeûné et nous ne reviendrons que pour le dîné.

Ma sœur s'est fâchée, et elle
a jeté sa quenouille dans le feu
où elle a été, dans un instant,
réduite en cendres... La perte
que nous venons de faire a jeté
la terreur dans tous les cœurs...
Mon père ira au marché et il
m'apportera une jolie flûte... Les
juges ont condamné un crimi-
nel à la peine capitale... Voilà
un quadragénaire qui a toute
la fraîcheur et l'agilité d'un
jeune homme de vingt ans... Ce
paysan est d'une mine char-
mante, il est très-instruit en
agriculture... Mon frère m'en-
voya, la semaine dernière, un
architecte pour me faire le plan
d'une maison.

8e TABLEAU.

---

et à la fin des mo's se prononce *è*. Objet, bidet, cadet, incomplet ; excepté, *et*, *cet* qui se prononce *é*, *ce-t*..

en précédé de *i*, *é*, *y*, se prononce *in* :

Ancien, bien, chrétien, dorien, entretien, gardien, hétérosciens, lien, indien, luthérien, mécanicien, tien, mérovingiens, nestorien, païen, opticien, péruvien, quotidien, saliens, je tiens, tu viens, il convient, je préviens, tu soutiens, il appartient...

Européen, galiléen, jébuséen, iduméen...

3

Citoyen, doyens, concitoyen,
Troyens, moyen.

---

ien se prononce *ian* quand il est suivi
de *ce* ou de *t* :

Audience, expérience, faïence,
prescience, science, sapience,

Client, coefficient, émollient,
escient, expédient, ingrédient,
inconvénient, orient.   *

---

* Vous me demanderez, peut-être,
pourquoi voit-on, dans la première colonne de ce tableau, des mots qui finissent par *ient* que l'on prononce *iin*, tan-
dis que dans la seconde colonne la même terminaison doit se prononcer *ian* ?
Je vous répondrai que, dans la pre-

e devant *z* et *d* à la fin des mots se prononce *é :*

Venez, courez, chantez, dan-
sez, chez, promenez, assez, nez,
pied.

————

tion se prononce *sion :*

Action, condition, ambition,
dations, contention, dictions,
potions, inventions, contractions, injections, inspection,

————

mière colonne, les mots terminés ainsi
sont précédés de *il,* dans la seconde ils
peuvent être précédés de *le* ou *l',* ou de
très. Il est bon de remarquer qu'il n'y a
que les terminaisons *tient* et *vient* qui
puissent se prononcer *iin* encore faut-il
pouvoir mettre *il* devant et non pas *ils.*

interjections, interception, objections, options, ration, retentions, attentions, intentions,

---

tion conserve sa prononciation ordinaire :

Bastion, bestion, combus-
tion, mixtion, questions, us-
tions, nous dations, nous co-
tions, nous contentions, nous
fêtions, nous dictions, nous gâ-
tions, nous humections, nous
inventions, nous contractions,
nous injections, nous inspec-
tions, nous interjections, nous
interceptions, nous objections,
nous options, nous rations,
nous retentions, nous atten-

tions, nous intentions...........
Nousinitions, nous balbutions.

---

e-devant *mm* se prononce *a* :

Ardemment, apparemment, concurremment , confidem-ment, décemment, diligem-ment, éloquemment, équiva-lemment, femme, fervemment, imprudemment, incidemment, indécemment , opulemment , précédemment, prudemment, récemment , révéremment , sciemment, violemment.

---

em au commencement des mots et devant un autre *m* se prononce *an* :

Emmagasiné , emmailloté , emmancha, emmariné, em-

mêlé, emménageait, emmena,
emmenotté, emmiella, emmortaisa, emmotté, emmuselé, remmailloté, remmancha, remmenait, remmaillé, remmaillage,
emmallé, emmuré.

RÉCAPITULATION.

Comédien, ariens, bienfait,
il vient, il prévient, il maintient, tu viendras, je conviendrais, platéen, néméens, mitoyen, conscience, sapience,
efficient, condition, caution,
section, gestion, congestion,
nous mentions dans nos mentions, nous inventions des inventions, nous portions les

portions, éminemment, fré-
quemment, emmagasinage,
remmaillage, retournez, rame-
nez. Aimez le Seigneur votre
Dieu de tout votre cœur, de
toutes vos forces et de tout votre
esprit, et votre prochain comme
vous-même.

COMMENT PRONONCE-T-ON

en précédé de *i, é, y* ? — R. *in.*

— *ien* suivi de *c* ou de *t* ? — R. *ian.*

— *ti* suivi de *on* ? — R. *si.*

— *tion* précédé de *s, x* ou quand le mot est précédé de *nous* ? — R. *tion.*

— *e* devant *mm* dans le corps des mots? — R. *a.*

COMMENT PRONONCE-T-ON

em devant *m* au commencement des mots ? — R. *an*.

— *et* à la fin des mots ? — R. *è*., Excepté dans les mots *et*, *cet*, prononcez *è*, *ce·t*.

Souvenez-vous de vos fins dernières et vous ne pécherez jamais. Dieu est notre libérateur : c'est lui qui nous a rachetés de l'enfer et mérité le ciel, où nous jouirons d'un bonheur qui n'aura point de fin. Voulez-vous être heureux sur la terre, observez la loi du Seigneur, adorez votre Créateur, honorez votre père et votre mère et tout ceux qui ont autorité sur vous. Si vous voulez avoir le glorieux avantage de voir Dieu tel qu'il est pendant toute l'éternité : évitez le mal et faites le bien. Ne faites point aux autres ce que vous ne voudriez pas qu'on vous fît.

Joseph vient de la promenade où il s'est bien amusé. Tu as vu des inventions si surprenantes que tu en es tout ébahi. Nous inventions une machine qui devait se mouvoir par une force très-minime. Les Européens sont blancs, civils et amateurs des arts et des sciences. Les anciens se sont nourris de glands. Cette femme agit prudemment dans cette affaire.

Cet homme emmortaise bien ses pièces de bois. La reconnaissance est un devoir, non-seulement à l'égard de nos parens, qui sont, après Dieu, nos bienfaiteurs ; mais aussi à l'égard de tous ceux qui nous font du bien.

———

9e TABLEAU.

gu suivi d'une voyelle douce se prononce *gu* dans : *aiguillard*, *aiguillon*, *aiguiser*, et leurs composés; et le duc de *Guise*.

c se prononce *g* dans *second*, *secondaire*... et *ch* dans *vermicelle*, *violoncelle*; *vermichelle*, *violonchelle*.

cl. mn. pn. ps. pt. sb. sf. scl. sgr. sl. sm. sq. sv.... *sh*, au commencement des mots, se prononce *ch*. *Shérif : chérif*.

er à la fin des mots de plusieurs syllabes se prononce *é* :

Aimer, baller, berger, chanter, fêler, gagner, gibier, glaner, habiter, horloger, mâter, miner, boulanger, nicher, menuisier, orner, quinter, pommier, chercher, portier, écolier, poirier, porter, dominer..

EXCEPTIONS.

Amer, enfer, cancer, envers, hiver, univers, Esther, éther, Jupiter, fier, tiers.

Cher, fer, mer, ver, ers, Gers.

---

ent nul à la fin des mots après une voyelle double, et même après une voyelle simple quand le mot est précédé de *ils*, *elles*, *qui* :

Ils côtoient, elles paient, ils essuient, les enfants jouent, ils bégaient, ils voient, elles allient, ils amplifient, qui lient, ils expient, elles étudient, qui se récréent, ils crient, ils plient, ils expédient, les chiens aboient.

---

ent se prononce *e* quand le mot est précédé de *ils*, *elles*, *qui*.

Ils parlent, qui aiment, elles chantent, les renards glapissent, les pigeons roucoulent, les moutons bêlent, les jours se succèdent, les années s'écoulent, les moineaux pépient, les poulets piaulent, les abeilles bourdonnent, les bœufs mugissent, ils beuglent, les chiens jappent, ils mangent, les lions rugissent, les serpens sifflent, elles pleurent, qui écrivent, ils lisent, ils apprennent, elles courent, les tourterelles gémissent......

Jésus-Christ, *Monsieur*, se prononcent : *Jesu-Chri*, *Mossieu*.

LECTURE SUIVIE.

Ayez confiance en Dieu de tout votre cœur, et ne vous appuyez point sur votre prudence.

Pensez à lui dans toutes vos voies, et il conduira lui-même vos pas. Ne soyez point sage à vos propres yeux. Craignez Dieu, et éloignez-vous du mal. Honorez de votre bien le Seigneur, et donnez-lui les prémices de tous vos fruits. Mon fils, ne rejetez point la correction du Seigneur, et ne vous abattez point lorsqu'il vous châtie. Car le Seigneur châtie celui qu'il aime, et il trouve en lui son plaisir comme un père dans son fils. Heureux celui qui a trouvé la sagesse, et qui est riche en prudence, le trafic de la sagesse vaut mieux que celui de l'argent ; et le fruit

qu'on en tire est plus excellent
que l'or le plus fin et le plus
pur. Son prix passe toutes les
richesses, et tout ce qu'on désire le plus ne mérite pas de lui
être comparé. Elle a la lon-
gueur des jours dans sa droite ;
et dans sa gauche les richesses
et la gloire. Ses voies sont belles,
et tous ses sentiers sont pleins
de paix. Elle est un arbre de vie
pour ceux qui l'embrassent : et
heureux celui qui se tient forte-
ment uni à elle. Le Seigneur a
fondé la terre par la sagesse : et
il a établi les cieux par la prudence. Le Seigneur frappera
d'indigence la maison de l'im-
pie ; mais il bénira les maisons

des justes. Les sages possède-
ront la gloire.: l'élévation des
insensés sera leur confusion.

COMMENT PRONONCE-T-ON

er à la fin des mots de plusieurs syllabes ? — R. *é.*

— *er* à la fin des mots d'une seule syllabe? — R. *ère*

— *ent* après une voyelle double, et même après une voyelle simple, quand le
mot est précédé de *ils, elles, qui?* —
R. *On ne le prononce point.*

— *ent* après une consonne dans les mots
précédés de *ils, elles, qui?* — R. *e.*

Si les 9 tableaux ne sont pas
parfaitement sus, il faut les re-
commencer.....

Ecrivez les injures sur le sable, et gravez les bienfaits dans vos cœurs. L'homme vraiment sage exposera toujours sa vie pour le bien public et pour défendre sa patrie. Ne faites rien dans le moment de la colère. La plaisanterie amère est le poison de l'amitié. Celui qui, le matin, a écouté la voix de la vertu, peut mourir le soir : cet homme ne se repentira pas d'avoir vécu ; la mort ne lui fera aucune peine. Celui qui se venge d'un petit affront s'expose à recevoir de plus grands outrages. Le vide d'un jour perdu ne sera jamais rempli. L'air qu'on respire sur les tombeaux épure les pensées.

Celui qui persécute l'homme
de bien fait la guerre au ciel. Le
ciel a créé la vertu, il la protège :
or, celui qui la persécute, persécute le ciel. L'homme ne désire
rien avec plus d'ardeur que les
choses dont la jouissance lui est
interdite. Les excuses sont rare-
ment exemptes de mensonge.
La modestie et le respect sont
comme les pleurs des enfans ;
leur faiblesse même et leur im-
puissance font leur force, et ob-
tiennent tout. Ce n'est pas assez
que d'avoir de grandes qua-
lités, il faut encore savoir les
économiser. Celui qui est ce
qu'il paraît, fera ce qu'il a promis. Le vice empoisonne les

plaisirs, la passion les flatte, la modération les aiguise, l'innocence les épure, la bienfaisance les multiplie, l'amitié les perpétue.

Le crime est le bourreau de l'ame. Plus les repentirs sont prompts, plus ils en épargnent d'inutiles. La crainte de Dieu est le commencement de la sagesse. Chaque jour de ta vie est un feuillet de ton histoire. Travaille à purifier tes pensées; si tes pensées ne sont pas mauvaises, tes actions ne le seront point. Il n'y a point de gens plus vides que ceux qui sont pleins de leur mérite. La mauvaise compagnie rend le bon méchant, et le méchant pire. L'hypocrisie est un hommage que le vice rend à la vertu. Mille parties de plaisir ne laissent aucun souvenir qui vaille celui d'une bonne action. Chasse la cupidité de ton cœur, tes pieds seront à l'abri des fers. Le temps moissonne, et nous glanons : Employons chaque jour de notre vie comme s'il devait être le dernier. Il est beau, il est grand d'avoir compassion de son ennemi dans sa défaite. Notre repentir n'est pas tant un regret du mal que nous avons commis, qu'une crainte de celui qui peut en résulter pour nous. On ne méprise pas tous ceux qui ont des vices, mais on méprise tous ceux qui n'ont aucune vertu. Celui-là est véritablement honnête homme, qui veut être toujours exposé à la vue des honnêtes gens. La vraie valeur consiste à faire sans témoin ce qu'on serait capable de faire devant tout le monde.

L'oisiveté ressemble à la rou-
ille, elle use beaucoup plus que
le travail. La paresse chemine
si lentement que la pauvreté ne
tarde pas à l'atteindre. La faim
regarde à la porte de l'homme
laborieux, mais elle n'ose pas
entrer dans la maison. Nous
aimons toujours ceux qui nous
admirent , mais nous n'aimons pas toujours ceux que
nous admirons. Les esprits mé-
diocres condamnent ordinairement tout ce qui passe leur por-
tée. L'oubli de soi-même est la
pierre de touche de la vraie
grandeur, et la perfection de la

sagesse. Si la vanité ne renverse pas entièrement les vertus, du moins elles les ébranle toutes. Nous oublions aisément nos fautes quand elles ne sont connues que de nous. Nous avons plus de paresse dans l'esprit que dans le corps. Ce qui nous rend la vanité des autres insupportable, c'est qu'elle blesse la nôtre. On devient insensiblement vil avec un maître qui l'est. Un bon père donne trois choses à ses enfans : la nourriture, l'éducation et le bon exemple. Peu de gens sont assez sages pour préférer le blâme qui leur est utile à la louange qui les trahit. Il n'y a rien d'aussi cher que le temps ;

ceux qui le perdent sont les plus blâmables de tous les prodigues. Si c'est un grand bonheur que d'avoir ce qu'on désire, c'en est un bien plus grand de ne désirer que ce qu'on a. Les gens de bien donnent ce qui est à eux, et sont toujours riches : les méchants ravissent le bien d'autrui, et sont toujours pauvres. Celui qui aime la correction, aime la science : mais celui qui hait les réprimandes, est un insensé. La verge et la correction donnent la sagesse : mais l'enfant qui est abandonné à sa volonté, couvrira sa mère de confusion. Elevez bien votre fils, et il vous consolera, et devien-

3*

dra les délices de votre ame. Celui qui épargne la verge, hait son fils; mais celui qui l'aime s'applique à le corriger. L'insensé se moque de la correction de son père; mais celui qui se rend au châtiment deviendra plus sage. L'instruction est amère à celui qui abandonne la voie de la vie; celui qui hait les réprimandes, mourra. L'homme corrompu n'aime point celui qui le reprend, et ne va point trouver les sages. Le cœur du sage cherche l'instruction; la bouche des insensés se repaît d'ignorance. L'enfant sage est la joie de son père; et l'enfant insensé méprise sa mère.

L'homme bien instruit voit au-dessus de lui le sentier de la vie, qui lui fait éviter le profond abîme de l'enfer. L'oreille qui écoute les réprimandes salutaires, demeurera au milieu des sages. Celui qui rejette la correction, méprise son ame ; mais celui qui se rend aux réprimandes, possède son cœur. L'enfant insensé est l'indignation du père, et la douleur de la mère qui l'a mis au monde. Corrigez votre fils, et n'en désespérez pas : et ne prenez pas une résolution qui aille à sa mort. Celui qui méprise son prochain pèche ; mais celui qui a compassion du pauvre sera bienheureux. Où l'on travaille beaucoup, là est l'abondance : mais où l'on parle beaucoup l'indigence se trouve souvent. Celui qui opprime le pauvre, fait injure à Dieu qui l'a créé ; mais celui qui en a compassion, rend honneur au Seigneur. La justice élève les nations ; et le péché rend les peuples malheureux. Peu avec la crainte de Dieu, vaut mieux que de grands trésors qui ne rassasient point. Peu avec la justice, vaut mieux que de grands biens avec l'iniquité. Le cœur de l'homme prudent acquiert la science ; l'oreille des sages cherche la doctrine. Celui qui a pitié du pauvre, prête au Seigneur à intérêt, et il lui rendra ce qu'il lui aura prêté. Écoutez le conseil et recevez les instructions, afin que vous soyez sage à la fin de votre vie. Ne cessez point, mon fils, d'écouter ce qu'on vous enseigne, et n'ignorez pas les paroles de science. On jugera par les inclinations de l'enfant, si un jour ses œuvres seront pures et droites. On dit d'ordinaire : Le jeune homme suit sa première voie; dans sa vieillesse même il ne la quittera point. Pourquoi ai-je détesté la discipline? Et pourquoi mon cœur ne s'est-il point rendu aux remontrances qu'on m'a faites?

Pourquoi n'ai-je point écouté la voix de ceux qui m'enseignaient, ni prêté l'oreille à mes maîtres? J'ai été plongé dans toutes sortes de maux.... Allez à la fourmi, paresseux, considérez sa conduite, et apprenez à devenir sage : puisque n'ayant ni chef, ni maître, ni prince, elle fait néanmoins sa provision pendant l'été, et amasse pendant la moisson de quoi se nourrir. Jusqu'à quand dormirez-vous, paresseux? Quand vous reveillerez-vous de votre sommeil?... L'indigence viendra vous surprendre comme un homme qui marche à grand pas, et la pauvreté se saisira de

vous comme un homme armé.
Si vous êtes diligent, votre moisson sera une source abondante,
et l'indigence fuira loin de vous.
Le superbe et l'insolent passera
pour ignorant; parce que dans
sa colère il s'emporte en des actions pleines d'orgueil. Les dé-
sirs tuent le paresseux : car ses
mains ne veulent rien faire. Il
passe toute la journée à faire des
souhaits. Si votre ennemi a
faim, donnez-lui à manger; s'il
a soif, donnez-lui à boire. Celui qui cache ses crimes, ne
réussira point; mais celui qui
les confesse et s'en retire, ob-
tiendra miséricorde. Heureux
l'homme qui craint le Seigneur:

mais celui qui a le cœur dur, tombera dans le mal. N'épargnez point la correction aux enfans ; car, si vous le frappez avec la verge, il ne mourra point. Vous le frapperez avec la verge, et vous délivrerez son ame de l'enfer. Mon fils, si votre cœur est sage, mon cœur se réjouira avec vous ; et mes entrailles tressailliront de joie, lorsque vos lèvres auront prononcé des paroles de vérités. Que votre cœur ne porte point d'envie aux pécheurs ; mais demeurez ferme dans la crainte du Seigneur pendant tout le jour. Car vous aurez ainsi de la confiance en votre dernière heure ; et ce que vous attendrez, ne vous sera point ravi.

CHARITÉ HÉROÏQUE D'UN INFANT DE CINQ A SIX ANS.

Docile aux leçons de baifaisance et de charité qu'on lui avait données, cet enfant montra, dès ses plus tendres années, le plus vif empressement à soulager les malheureux. Toutes les fois qu'il rencontrait un pauvre, il se hâtait de l'aborder, et lui donnait aussitôt tout ce qu'on lui avait donné à lui-même pour ses menus plaisirs. Etant tombé malade à l'âge de cinq à six ans, le médecin lui

ordonna une médecine; mais
le grand embarras fut de le dé-
terminer à la prendre. En vain
joignit-on les promesses aux
exhortations; en vain lui as-
sura-t-on que, s'il prenait le
remède, on lui donnerait tous
les bonbons, tous les jouets,
tous les bijoux qu'il pourrait
souhaiter; rien ne put le gagner. Alors sa mère, qui con-
naissait son heureux penchant
à faire du bien, s'avisa de lui
dire : « *Ah! mon bon ami, je
viens de voir un pauvre qui est
presque tout nu et tout transi de
froid; eh bien! si tu prends la
médecine, je te promets que, dès
aujourd'hui, je le ferai habiller*

tout à neuf. — Ah! s'il en est ainsi, dit l'enfant, *je la prendrai.* » Il se mit en effet à la prendre ; mais lorsqu'il en eut avalé la moitié, il s'arrêta en disant : « *Oh! maman, que cela est mauvais ; je ne puis aller jusqu'au bout. — Tu veux donc*, reprit la mère, *que je n'habille le pauvre qu'à demi? car, si je t'ai promis de l'habiller entièrement, ce n'a été qu'à condition que tu prendrais toute la médecine.* » A ces mots, l'enfant demande le verre qui en contenait les restes ; et, sans se faire prier, il en avale jusqu'à la dernière goutte. Puisse ce bel exemple, sinon servir en tout de modèle aux

enfans, du moins leur appren-
dre à être charitables, et à faire
aux pauvres tout le bien dont
ils sont capables.

LA MÈRE VICTIME DE LA MAUVAISE ÉDUCATION QU'ELLE AVAIT DONNÉE A SES ENFANS.

Un jeune homme, ainsi que
sa sœur, avaient été très-mal
élevés par une mère idolâtre de
ses enfans, mais en même temps
bizarre et capricieuse. Tantôt
elle les grondait, les maltrai-
tait dans des accès d'impatience;
le moment d'après, elle les
apaisait, les caressait, et par
ce manége, leur apprenait tout

à la fois, et à se révolter contre les châtiments, et à dédaigner les caresses ; ne gagnant auprès d'eux d'un côté que pour perdre encore plus de l'autre ; ne les portant à céder, pour le moment, que de manière à les rendre bien plus opiniâtres et plus volontaires. Aussi l'étaient-ils devenus au point que rien ne pouvait plus les apaiser et les satisfaire. La mère, toujours aux expédients pour les faire obéir, ne savait les animer, les récompenser ou les punir, que par tout ce qui pouvait intéresser en eux la vanité, la gourmandise, l'amour du luxe et de la parure ; ce qui avait

4

donné au fils beaucoup de suf-
fisance, et à la fille un amour
excessif des ajustements, qui fut
bientôt suivi d'une envie déme-
surée de plaire. Une si mauvaise éducation eut l'effet qu'on
devait en attendre; la fille dés-
honora sa famille, et alla cacher
sa honte dans un pays lointain.
Le fils trouva dans le monde
bien des contradictions et des
peines, au sein même des plaisirs; il mangea en peu de temps
tout son bien, et n'eut d'autre
ressource, pour subsister, que
la compassion d'un de ses pro-
ches, et la mère en mourut de
chagrin et de douleur. Voilà
quel est souvent le fruit d'une

mauvaise éducation. En faisant
le malheur des enfants, elle
finit par faire celui des parents
eux-mêmes ; au lieu qu'une
éducation vertueuse et chrétienne assure presque toujours
le bonheur des uns et des autres.

L'ENFANT FIDÈLE AUX DEVOIRS DE SA RELIGION.

Vers la fin du siècle dernier, un jeune enfant d'Avignon donna un exemple de fermeté et d'obéissance que je crois devoir mettre ici sous les yeux des enfants, afin qu'il puisse servir de modèle à ceux qui pourront se trouver dans le cas de l'imiter.

Comme les parents de cet enfant n'avaient pas eu soin de l'élever chrétiennement, il avait mené une vie assez peu chrétienne, jusqu'à l'âge de 13 à 14 ans. Mais ayant fait alors sa première communion, et s'y étant préparé avec tout le soin qu'exige une si grande et une si sainte action, il changea totalement de conduite et de sentiment; il se donna entièrement au Dieu de bonté qui avait daigné se donner à lui, et il forma la ferme résolution de tout sacrifier et de tout souffrir plutôt que de jamais l'offenser.

La fidélité qu'il avait vouée au Seigneur fut bientôt mise à une des épreuves les plus délicates qu'il dût avoir à soutenir. Son père, qui n'était guère exact à remplir ses devoirs de chrétien, ne fit servir sur la table que des aliments gras, quoiqu'on fût alors dans le temps du carême, et il en offrit à son fils qui, jusqu'alors, n'avait pas fait difficulté de suivre les mauvais exemples qu'il lui avait donnés en ce genre. Mais cette fois l'enfant le remercia avec un ton respectueux, et lui dit en même temps avec fermeté qu'il ne pouvait pas user des mets qu'il lui présentait, parce que les lois de l'Eglise lui en interdisaient l'usage. *Eh bien! monsieur*, lui répondit le père, aussi indigné que surpris de son refus, *puisque vous ne voulez pas ce que je vous offre, vous ne mangerez que du pain.* — *Volontiers, papa,* dit l'enfant. *La religion m'apprend que je dois vous obéir comme à Dieu, et lorsque vous ne m'ordonnerez rien qui soit contraire à sa loi, je ne serai pas moins soumis à vos ordres qu'aux siens.* Il semble que cette réponse aurait dû désarmer la colère du père; mais comme il était naturellement dure, il y fut entièrement insensible; et, pendant plusieurs jours, il ne fit donner à son fils que du pain. Il n'en fut pas ainsi de la mère. Plus tendre et plus raisonnable que son mari, elle ne peut voir sa conduite sans en être affligée ; et, pour adoucir à son fils la punition à laquelle il avait été condamné si injustement, elle lui porta en cachette quelques alimens maigres, et l'exhorta à s'en nourrir, en l'assurant que son père n'en saurait jamais rien ; mais l'enfant refusa constamment d'y toucher ; et comme sa tendre mère lui faisait les plus vives instances : *Non, maman*, lui répondit-il, *jamais je ne consentirai à manger ce que vous avez la bonté de me présenter. Mon père a dit expressément, en votre présence, qu'il voulait que je n'eusse que du pain pour toute nourriture ; mon devoir est de lui obéir : je ne mangerai que du pain. Je puis vivre avec ce seul aliment. Mais dussé-je mourir de faim, je préfèrerais la mort à la désobéissance.* La mère ne put répondre à ces paroles que par des larmes; mais elle vint les rapporter à son mari, et celui-ci en fut si frappé et si attendri, que pour réparer l'injustice qu'il avait commise, et le scandale qu'il avait donné, il ne fit plus servir sur sa table aucun aliment gras, et observa exactement les lois de l'Eglise durant tout le reste du carême. Ce qui prouve bien que, si les exemples des parents égarent quelquefois les enfants, ceux des enfants peuvent aussi ramener quelquefois leurs parents. Nous tenons cette anecdote d'un prêtre, à qui la mère l'avait racontée en versant des larmes de joie.

Un enfant de quinze ans tomba dangereusement malade. Le médecin lui donna mal à propos un remède qui fit bientôt désespérer de sa vie. Plusieurs infidèles, ami du père du jeune homme, vinrent chez lui, et le pressèrent d'avoir recours à certaines cérémonies superstitieuses, qu'ils assuraient être infaillibles, pour retirer son fils des portes de la mort où il était. Le père aimait passionnément ce fils, et était inconsolable de le perdre. Peut-être aurait-il succombé à une tentation si délicate; mais Dieu l'affermit bientôt par la bouche même de son fils mourant. Ce jeune homme n'eut pas plutôt entendu le conseil qu'on donnait à son père que, recueillant tout ce qu'il lui restait de forces, il s'écria : « *Laissez-moi mourir, mon père, laissez-moi mourir, et donnez-vous bien de garde de faire aucune chose qui soit suspecte de la moindre superstition. Je préfère la mort à la vie, si je ne puis continuer à vivre qu'en offensant le Seigneur.* » Peu après il mourut, et alla recevoir au ciel la récompense d'une foi si pure.

Un chrétien chinois, fort jeune, s'était oublié, dans un emportement, jusqu'à dire à sa mère quelques paroles offensantes qui avaient scandalisé tout le voisinage. Dès que, revenu à soi, il fit réflexion à ce qui lui était échappé, il assembla ses voisins, et, se mettant à genoux en leur présence, il demanda pardon à sa mère. Ensuite, pour expier sa faute, il s'imposa lui-même une pénitence pénible et humiliante. Puis, adressant la parole à tous ceux qui étaient présents : « *Un chrétien*, leur dit-il, *peut bien s'écarter de son devoir dans un premier mouvement de colère, mais sa religion lui apprend à réparer aussitôt sa faute, et c'est pour vous en convaincre que je vous ai priés d'être témoins de tout ce qui vient de se passer.* »

10ᵉ TABLEAU.

N. B. Bien des gens trouveront à redire sur la prononciation de certains mots, je les renvoie au dictionnaire de NAPOLÉON-LANDAIS.

s entre deux voyelles se prononce ç :

Antisocial , contresigner , contresol, désudation, désuétude, désulfurer, monosyllabe, polysyllabe, parasol, présanctifier, préséance, présuccession, présupposer, présupposition, resacrer, resarcir, resaigner, resaucer, resection, resiffler, resigner, vraisemblance.

s se prononce *z* ;

Transaction, transiger, transitif, transition, transitoire.

———

e devant *ss* se prononce *e* dans :

Dessus, dessous, ressaisir, ressentir, ressortir,... et dans tous les mots qui commencent par **ressa... resse... resso...**

———

x se prononce *ss* dans :

Auxerre, Auxonne, Bruxelle, soixante, six, dix à la fin des phrases.

———

x se prononce *z* :

Deuxième, dixième, sixième.

ill se prononce *il* dans :

Capillaire , distiller , imbécille , gille , pupille , mille , pusillanime , tranquille , village , ville , Lille , sille , Achille.

---

ch se prononce *k* toutes les fois qu'il est suivi d'une consonne et dans :

Anachorète , archange , archiépiscopal, archonte, Achaïe, catéchumène , chaos , chœur , choriste , choléra , Chersonèse, chiromancie , chananéen , brachial , Chaldée , écho eucharistie , Munich , orchestre , patriarchat, technique , chirographie , choral.... et tous les mots qui commencent par chiro... chor...

---

il se prononce *ill :*

Avril, babil, cil, grésil, mil (plante), péril, gentil (juif.)

---

ti se prononce *ci :*

Captieux, contentieux, initial, partial, partiel, potentiel,... et tous les mots à finales semblables

Diplomatie, prophétie, minutie,... et tous les mots qui finissent par atie, étie, utie.

insatiable, quotient, satiété.

---

gn se prononce *gue-n :*

igné, ignifère, et tous les mots qui commencent par igne, igni...

Diagnostic, pignorer, pigno-
ration, pugnatif, stagnant,
stagner, stagnation, regnicole,
inexpugnable.

———

a nul dans :

Août, aoriste, Saône, taon.

———

qu se prononce *cou :*

Èquateur, équation, équa-
torial.

———

qu se prononce *cu :*

Equestre, équin équipolence,
équipondérance, équirine,
équisonance, équisétacées, é-
qui-axe,... et tous les mots composés
comme ce dernier.

Questeur, questure, quérimo-
nie, querquère, quésiteur,
questable, questoriens, ques-
tuaire, quiet, quiescent, quié-
tisme, quiétude, quindéca-
gone, quindenté, quintupler,
quinquagénaire, quinquagé-
sime, le second qu dans ces deux der-
niers se prononce cou.

---

o nul dans :

Faon, Laon, paon.

---

e se prononce *a* et *ai* :

Hennir, solennel, enamou-
rer, enarbrer, enherber, eni-
vrer, ennoblir, ennui, enor-
gueillir, enhardir, enharna-
cher.

---

am, *em* se prononcent *am* :

Mammifère, ammoniaque, grammaire, amnistie, indemniser, indemnité..

———

c nul dans :

Almanach, amict, cric, broc, cotignac, estomac, escroc, tabac, lacs, marc (poids.)

———

eu se prononce *u* :

J'eus, tu eus, il eut, j'ai eu... eûmes... eusse... gageure...

———

l nul dans :

Baril, **coutil**, **chenil**, **cul**, **fils**, **fusil**, **nombril**, **persil**, **pouls**, **outil**, **soûl**, **sourcil**, **gentil (joli)**, devant une consonne.

Gentil, a le son mouillé devant une voyelle.

———

p nul dans :

Baptême, **compte**, **dompter**, **exempter**, **prompte**, **sculpter**.

———

om se prononce *ome :*

Calomnie.

———

Toutes les lettres se prononcent à la fin des mots suivans :

Abject, anus, as, atlas, arc, blocus, brut, bis, busc, cap, cens, cep, Christ, correct, déficit, David, direct, distinct, dot, est (levant), échec, exact, fat, fœtus, fisc, gaz, granit, gratis, gratuit, iris, index, infect, intact, joug, laps, lest, luth, Marc, mars, maïs, mat, musc, nerf, obtus, ouest, prospectus, phénix, parc, préfix, rébus, sinus, serf, silex, subit, sud, transit, tact, vis, virus, zénit, aloës, chorus, coq, radoub, flores, en sus,... morbus, dervis, jadis, ours, Reims, Amiens.

11e TABLEAU.

SIGNES de PONCTUATION.		ARRÊTEZ-VOUS LE TEMPS NÉCESSAIRE POUR DIRE :
Virgule	,	*Jésus.*
Point-virgule	;	*Jésus, Marie.*
Deux points	:	*Jésus, Marie, Joseph.*
Point	.	*Jésus, Marie, Joseph, bénissez-nous.*
Point interrogant	?	*Que fais-tu ?*
Point admiratif	!	*O Dieu !*
Parenthèse	( )	
Guillemets	« »	
Trait d'union	-	*Est-il ?*

ACCENTS

Aigu	´	*Bonté.*
Grave	`	*Brève.*
Circonflèxe	^	*Tête.*
Apostrophe	'	*L'âme.*
Tréma	¨	*Haïr.*

LECTURE COURANTE ET LIAISONS DE MOTS ENTRE EUX.

	prou		PRONONCEZ :
c.	k.	Le duc et le roi... Franc arbitre... Du blanc au noir.	Le du ké le roi... Fran karbitre.. Du blan kau noir.
d.	t.	Grand homme... Tend-il un piège... Reprend-on les....	Gran tome... tan til... repran ton les...
g.	k.	Sang humain... Rang élevé... Long exercice...	San kumin , ran kélevé, lon kégzercice.
f.*	f.	Serf engourdi... Soif ardente... Chétif insecte....	Sèr fangourdi , soi fardante , chéti finsecte.
l.	l.	Bel ouvrage... Nouvel emploi... Le mal à venir..	Bè louvrage , nouvè lamploi... Ma la venir.
x.	z.	Dix ans... Heureux avenir... Deux heures..	Di zan , eureu zavenir, deu zeure...
r.	z.	Aimer à jouer... Premier élève... Noir et blanc.	Émé ra joué , premié rélève, noi ré blanc.
s.z.	t.	Les âmes, Des hommes... Ces avis... Nez aquilin..	Lè zâme , dé zome, cè zavi , né zakilein.
t.		Cet oiseau... Reflet admirable... Objet intéressant.	Ce toizau, reflé tadmirable, objè tintérèçan.

e. muet s'élide, et la consonne qui le précède immédiatement se lie à la voyelle qui commence le mot suivant : sainte enfance, brave homme, prononcez: *sain tenfance*, *bra vome*.

d. t. nuls à la liaison quand ils sont immédiatement précédés de *r...* Il perd au jeu, elle court à sa perte, prononcez : *il pè rau jeu*, *èle cou ra sa perte...* excepté quand ils sont suivis d'un trait d'union : perd-il, perd-on, court-elle., prononcez : *pèr til*, *pèr ton*, *cour tèle.*

t. nul dans aspect, instinct, respect, et... aspect agréable, respect humain.... pron.. *aspè kagréable*, *respè kumin.* Va et arrive, prononcez : *va é arrive.*

n. se lie dans : Certain auteur, bien obligeant, en allant, en aveugle,

bon enfant, on est arrivé, un an...
pro... *certè nauteur, biè noblijan,
an nalant, an aveugle, bo nan-
fan, on nè tarivé, u nan...*

p. Ne se lie que dans : beaucoup, trop,
et quelquefois dans coup : Il a beaucoup étudié, vous êtes trop aimable,
coup inattendu ; prononcez : *bau-
cou pétudié, vou zéle tro pèmable,
cou pi natandu.*

b m. Ne se lient jamais, ainsi que toutes les autres lettres qui ne sont
point énoncées ci-dessus.

*f. se prononce *v* dans : neuf ans, dix-
neuf ans ; prononcez : *neu van,
disse-neu van, vinte-neu can.*

Ne pensez pas que je vous donne ici
des règles sans exception : elles sont même très-nombreuses : le bon sens vous
les fera connaître.

0. 1. 2. 3. 4. 5. 6. 7. 8. 9.
10. 20. 30. 40. 50. 60. 70. 80.
90. 100.

15. 26. 38. 43. 51. 62. 78.
87. 94. 112. 135. 256. 468.
735. 687. 978

1000. 236. 467. 7526. 2456.
8345. 24793. 56845. 91637.
684295. 123456789.

12ᵉ TABLEAU.

Dans la lecture du latin , toutes les lettres se prononcent, soit au milieu, soit à la fin des mots ; il n'y a point de syllabes muettes, et les consonnes finales se prononcent comme si elles étaient suivies de l'*e* muet du français, que l'on fait peu sentir.

	pron.		PRONONCEZ :
e	*é*	Deo , habeo, ea, secula, Deus , video,	Déo, habéo , éa , sécula , Déusse, vidéo.
e	*è*	Lumen, decies, decem, habet, lex, et,	Lumène,déciesse,décème,habète,lèxe,ète
(1)um	*ome*	Deum, optimum, puerum, manum,	Déome , optimome,puérome, manome.
(2) un	*on*	Abundantia, voluntas, oriuntur,	abondancia, volontasse , orionture.
æ œ }	*é*	Lætitia, cœli, cœnosus, dominicæ,	léticia, céli, cénozusse, dominicé.

(1) *um on*, umbra, umbella, triumphi. Prononcez : onbra, onbella , trionfi-
(2) On conserve la prononciation française dans : nunc, tunc, hunc, cuncti.

	pron.		PRONONCEZ :
ch	*k*	Brachium , chirographum , chorus ,	brakiome , kirografome , korusse.
em en }	*ein*	Diligens , viventi , mendax , templi ,	diligeinse , viveinti , meindaxe , teinpli.
in	*ine*	Innatus , innocens , innumerus ,	in-natusse, in-noceinse, in-numérusse ,
im	*ime*	Imminens , immunitas , olim ,	im-mineinse, im-munitasse , olime ,
in	*ein*	Ingens , infans , incidens , inter ,	eingeinse, einfanse, eincideinse, eintère.
im	*eim*	Impius , imperator , imbuerunt ,	eimpiusse, eimpérator, eimbuéronte.
gn	*g-n*	Agnus , dignus , magnum , igne ,	ag-nusse , dig-nusse , mag-nome , ig-né.
ill	*il-l*	Pupillus , pusilli , villæ , mille ,	pupil-lusse, puzil-li , vil-lé, mil-lé.
qua	*koua*	Aqua , qualitas , quando , quam ,	akoua , koualitasse , kouando , kouame.
gua	*goua*	Lingua , linguam ,	leingoua , leingouame.
qui	*kui*	Quis , quæ , aquæ , loqui , quem ,	kuisse , kué , akué , lokui , kuème.
gui	*gu-i*	Linguæ , linguis ,	lingu-é , leingu-isse.

Il n'y a de voyelles doubles que *au*
et *eu* au commencement des mots : Laus,
laudare, audio, baubaris, fautor, causa,
instauro, complaudo... Euge, eurus, eu-
charistia, ceu, heu...

EXCEPTIONS.

Circumago, circumeo, circumeundus,
sese, prout Prononcez : circome ago,
circomeéo, circomeéondusse, sésé,
pro-ute.

D. COMMENT PRONONCE-T-ON :

e? — R. *é.*
— *œ, œ?* — R. *é.*
— *ch?* — R. *k.*
— *em, en?* — R ein.
— *gn?* — R. *gue-n.*
— *ill?* — R. *il-l.*
— *qua?* — R *koua.*
— *gua?* — R *goua.*
— *um* à la fin des mots ? — R. *ome.*

D. COMMENT PRONONCE-T-ON

— *um* devant *b*, *p* ? — R *on.*

— *im* suivi de *m* ? — R. *ime.*

— *qui*, *quœ* ? — R. *kui, kué.*

— *gui*, *guœ* ? — R. *gu-i*, *gué.*

— *e* suivi d'une seule consonne à la fin des mots ? — R. *è.*

— *in* monosyllabe ou suivi de *n* ? — R. *ine.*

— *un* dans le corps des mots ? — R. *on.*

— *in* suivi d'une consonne autre que *n* ? — R. *ein.*

— *im* suivi d'une consonne autre que *m* ? — R. *eim.*

PRIÈRES.

Oraison dominicale.

Notre Père, qui êtes aux cieux, que votre nom soit sanctifié ; que votre règne arrive, que votre volonté soit faite en la terre comme au ciel : donnez-nous aujourd'hui notre pain quotidien, et pardonnez-nous nos offenses, comme nous pardonnons à ceux qui nous ont offensés ; et ne nous laissez point succomber à la tentation : mais délivrez-nous du mal. Ainsi soit-il.

Salutation angélique.

Je vous salue, Marie, pleine de grâce ; le Seigneur est avec vous. Vous êtes bénie entre toutes les femmes, et Jésus, le fruit de votre ventre est béni.

. Sainte Marie, mère de Dieu, priez pour nous, pauvres pécheurs, maintenant, et à l'heure de notre mort. Ainsi soit-il.

Symbole des Apôtres.

Je crois en Dieu le Père tout-puissant, Créateur du ciel et de la terre; et en Jésus-Christ, son Fils unique, Notre-Seigneur, qui a été conçu du Saint-Esprit, qui est né de la Vierge Marie; qui a souffert sous Ponce-Pilate, qui a été crucifié, qui est mort, qui été enseveli, qui est descendu aux enfers, et le troisième jour est ressuscité des morts; qui est monté aux cieux, qui est assis à la droite de Dieu le Père tout-puissant, et qui delà viendra juger les vivants et les morts.

Je crois au Saint-Esprit, à la sainte Eglise catholique, la communion des Saints, la rémission das péchés, la résurrection de la chair, la vie éternelle.

Ainsi soit-il.

Confession des péchés.

Je me confesse à Dieu tout-puissant, à la bienheureuse Marie, toujours Vierge, à saint Michel Archange, à saint Jean-Baptiste, aux saints Apôtres Pierre et Paul, à tous les Saints, et à vous, mon Père, de tous les péchés que j'ai commis en pensées, paroles et œuvres, par ma faute, par ma faute, par ma très-grande faute. C'est pourquoi je prie la bienheureuse Marie, toujours Vierge, saint Michel Archange, saint Jean-Baptiste, les saints Apôtres Pierre et Paul, tous les Saints, et vous, mon Père, de prier pour moi le Seigneur notre Dieu.

Que le Dieu tout-puissant nous fasse miséricorde, qu'il nous pardonne nos péchés et nous conduise à la vie éternelle.

Que le Dieu tout-puissant et miséricordieux nous donne indulgence, absolution et rémission de tous nos péchés. Ainsi soit-il.

Les commandements de Dieu.

1. Un seul Dieu tu adoreras,
   Et aimeras parfaitement.
2. Dieu en vain tu ne jureras,
   Ni autre chose pareillement.
3. Les dimanches tu garderas,
   En servant Dieu dévotement.
4. Père et Mère honoreras,

Afin de vivre longuement.

5. Homicide point ne seras,
De fait ni volontairement.

6. Luxurieux point ne seras,
De corps ni de consentement.

7. Le bien d'autrui tu ne prendras,
Ni retiendras injustement.

8. Faux témoignage ne diras,
Ni mentiras aucunement.

9. L'œuvre de chair ne désireras,
Q'en mariage seulement.

10. Bien d'autrui ne convoiteras,
Pour les avoir injustement.

Les commandements de l'Eglise.

1. Les Fêtes tu sanctifieras,
Qui te sont de commandement.

2. Les Dimanches Messe ouïras,
Et les Fêtes pareillement.

3. Tous tes péchés confesseras,
A tout le moins une fois l'an.

4. Ton Créateur tu recevras,
Au moins à Pâques humblement.

5. Quatre-temps, Vigiles jeûneras,
Et le carême entièrement.

6. Vendredi chair ne mangeras,
Ni le samedi mêmement.

Acte de Foi.

Mon Dieu, je crois fermement tout ce que vous avez révélé à votre Eglise, parce que c'est vous qui l'avez dit, et que vous ne pouvez vous tromper.

Acte d'Espérance.

Mon Dieu, j'espère avec confiance de votre bonté infinie, par les mérites de notre Sauveur Jésus-Christ, votre cher Fils, le secours de votre grâce en ce monde, et la vie éternelle en l'autre.

Acte de Charité.

Mon Dieu, je vous aime de tout mon cœur, par-dessus toutes choses, parce que vous êtes infiniment bon, infiniment aimable : j'aime aussi mon prochain comme moi-même pour l'amour de vous.

Acte d'Offrande avant chaque action, recommandé aux personnes qui aiment la très-sainte Vierge.

Mon Dieu, je vous offre cette action en union avec celles de J -C. et par le très-saint et immaculé Cœur de Marie, pour votre amour, votre plus grande gloire et celle de Marie, donnez-moi, s'il vous plaît, votre sainte bénédiction.

Prière à l'Ange Gardien qu'on doit faire matin et soir.

Ange de Dieu, fidèle gardien et aux soins duquel j'ai été confié par la bonté suprême, daignez, durant ce jour (*le matin*) ou cette nuit (*le soir*), m'éclairer, me garder, me conduire et me gouverner. (Cent jours d'indulgence. Extrait du Traité de Mgr. Bouvier.)

*Prières pour réparer les outrages faits
à Dieu par les blasphémateurs.*

Que Dieu soit béni ! que son saint
nom soit béni ! que J.-C. vrai Dieu et
vrai Homme soit béni ! que le nom de
Jésus soit béni ! que J.-C. soit béni au
très-saint Sacrement de l'Autel ! que
Marie, la très-sainte Mère de Dieu soit
bénie ! que le nom de Marie, Vierge et
Mère soit béni ! que Dieu soit béni dans
ses Anges et dans ses Saints (Un an d'indulgence chaque fois Extrait du Traité
de Mgr. Bouvier.)

FIN.

Vannes, imp. de N. de Lamarzelle.

www.ingramcontent.com/pod-product-compliance
Lightning Source LLC
Chambersburg PA
CBHW071804090426
42737CB00012B/1943